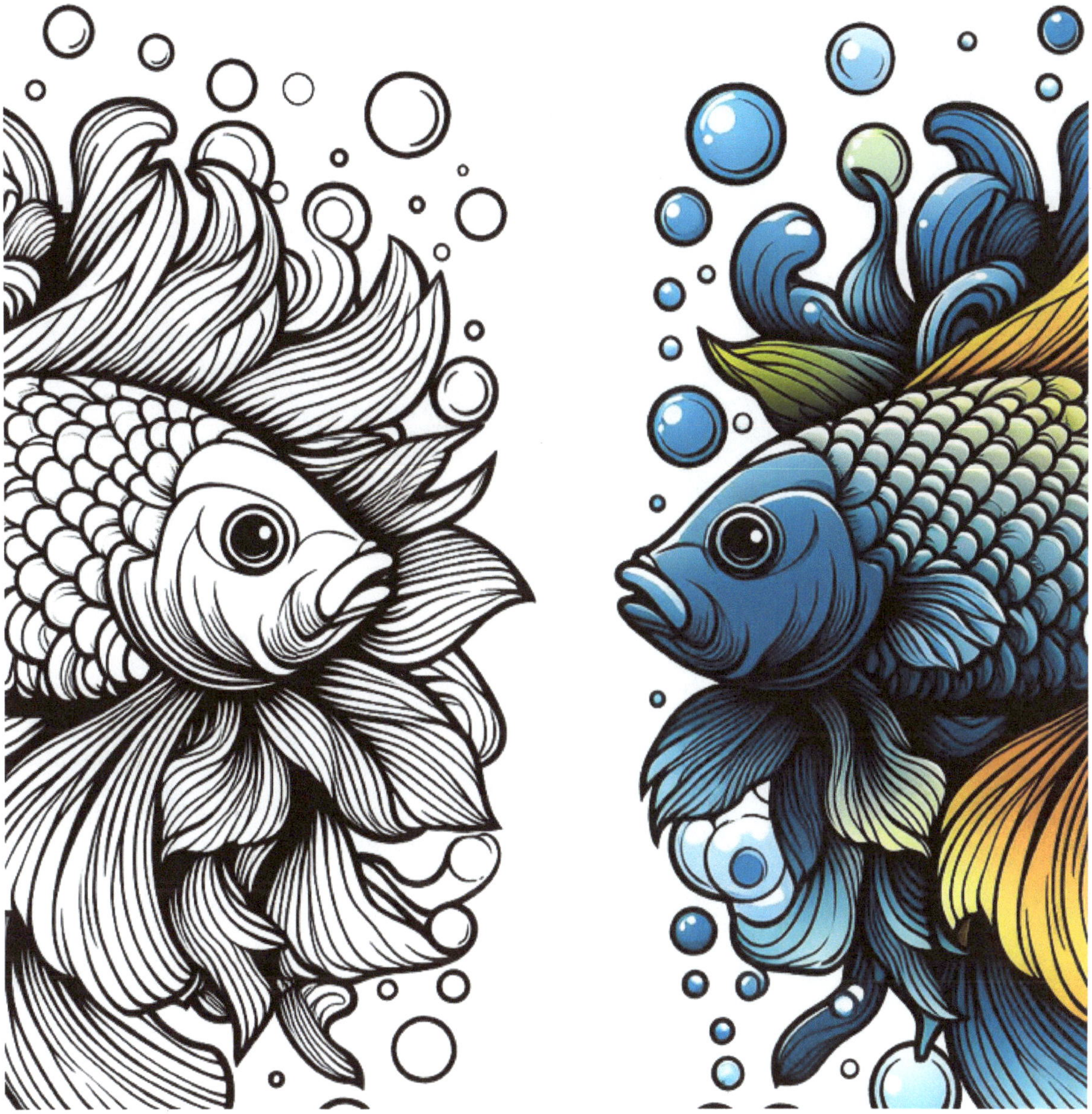

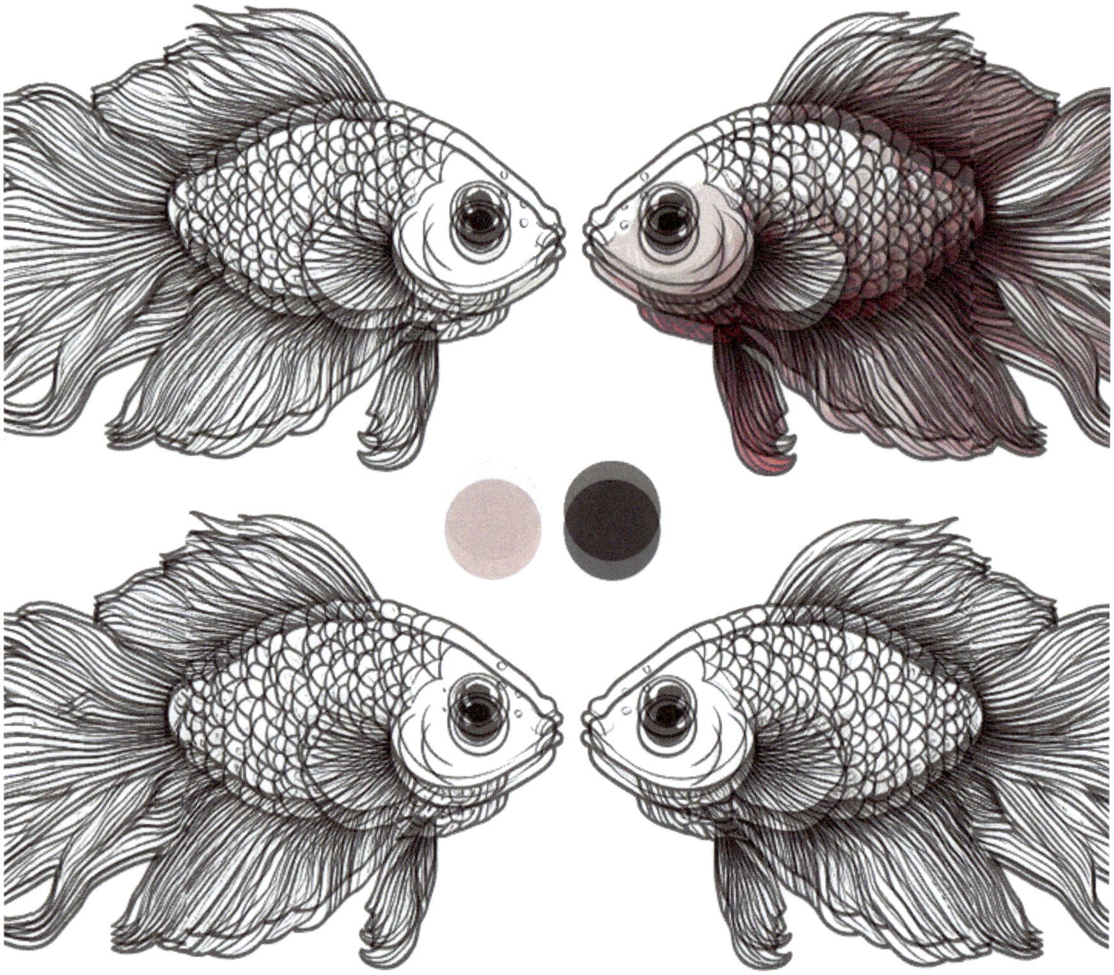

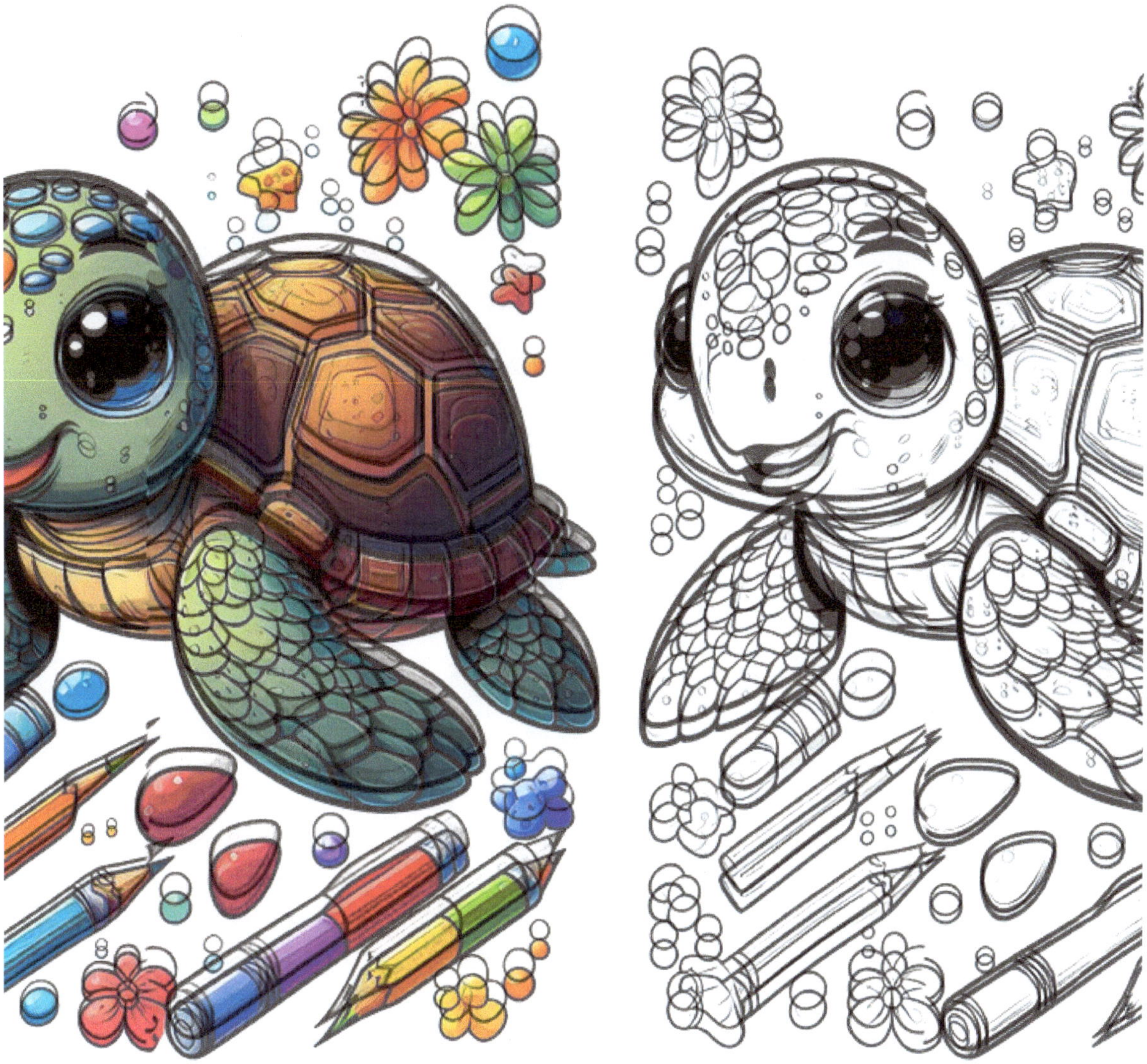

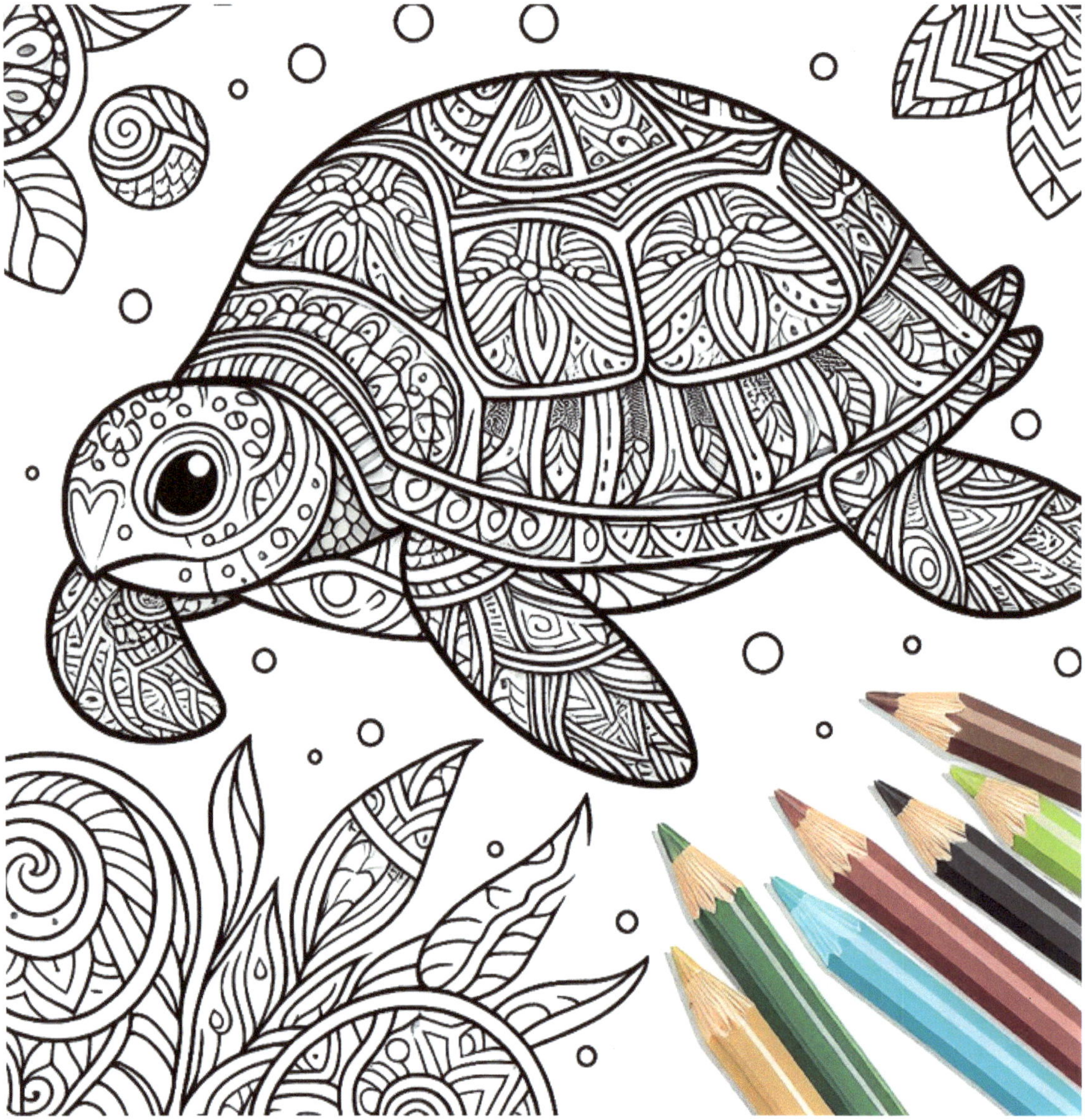

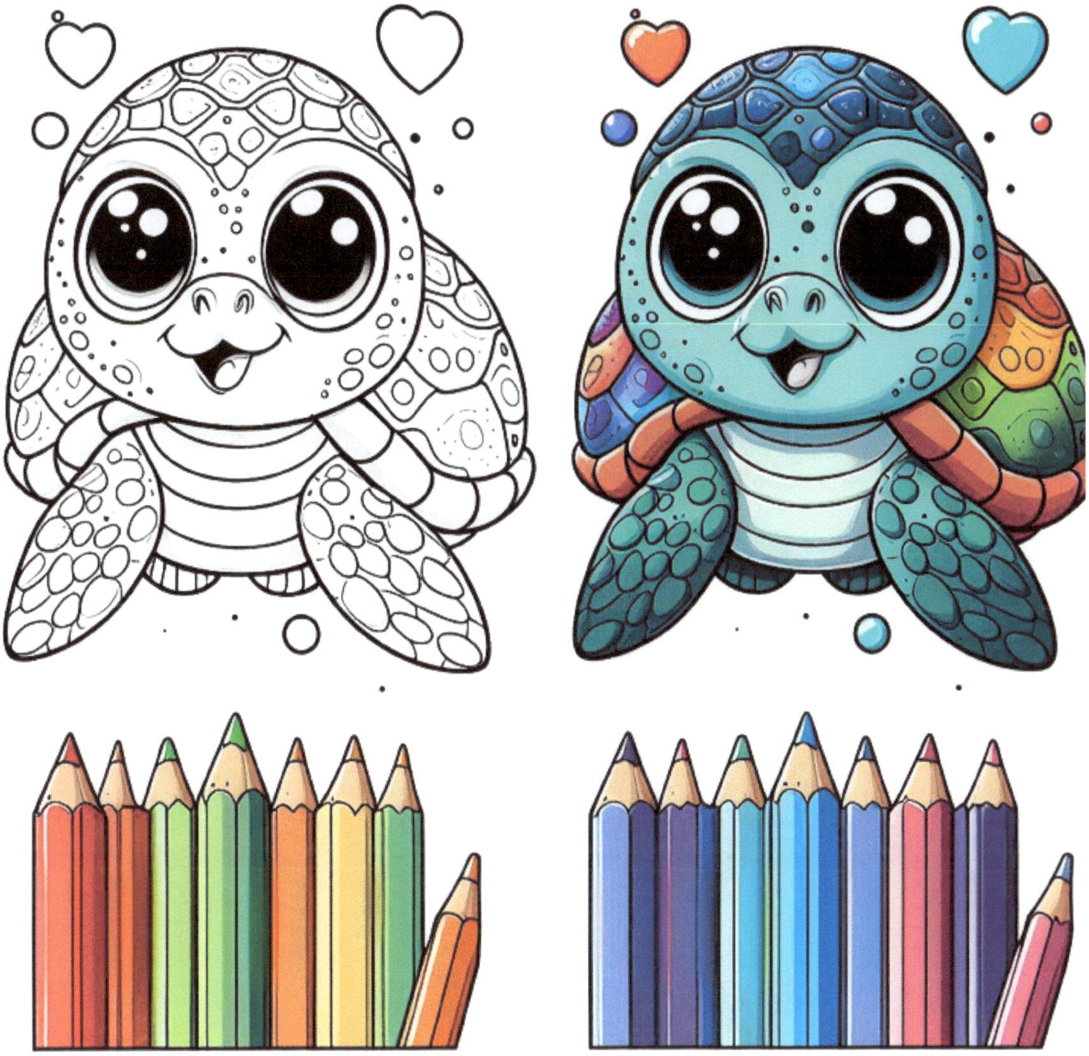

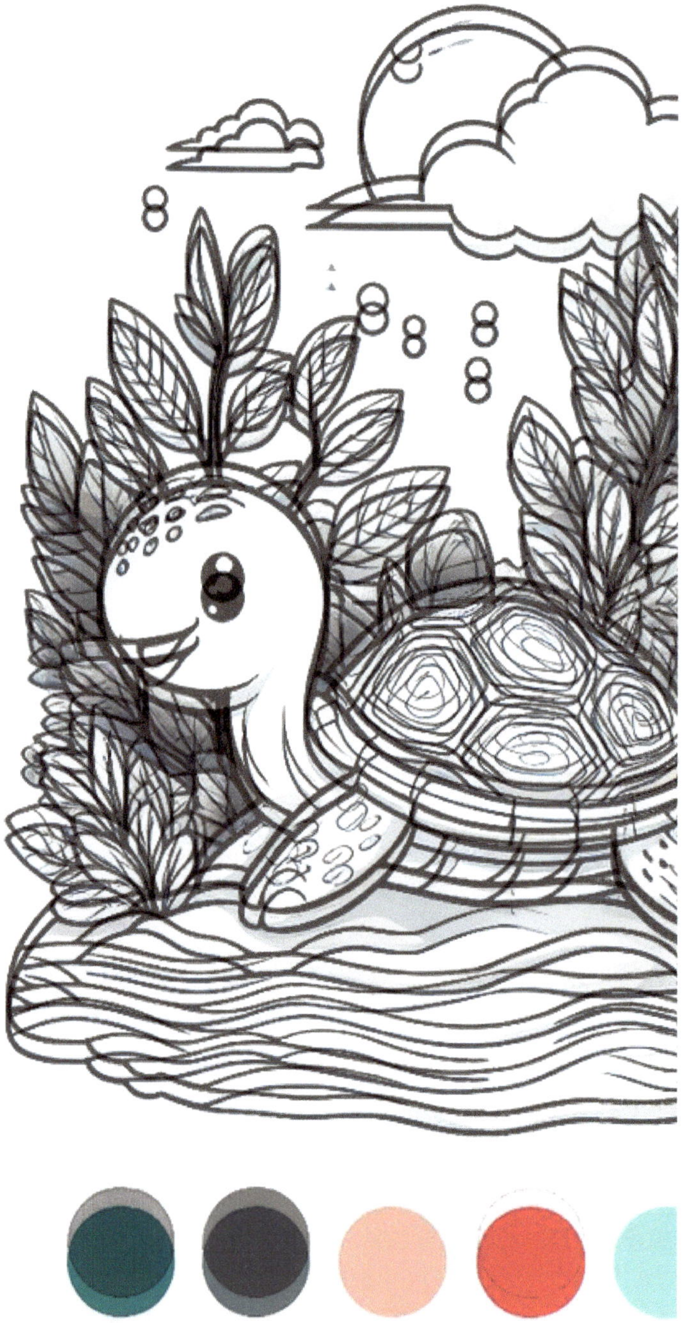

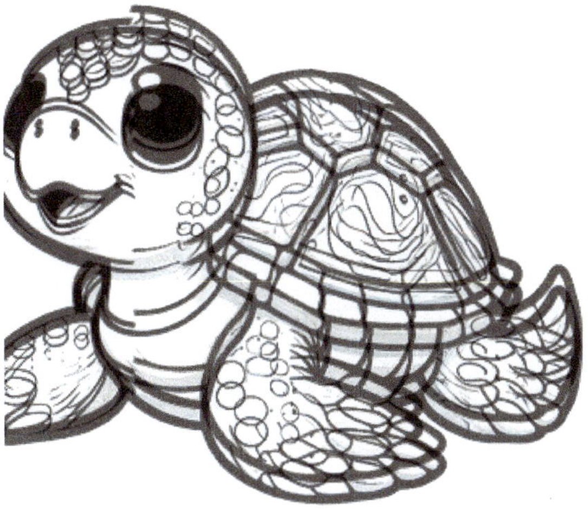
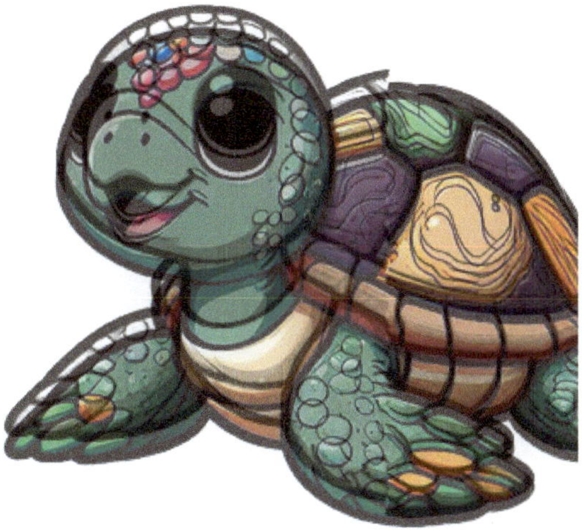
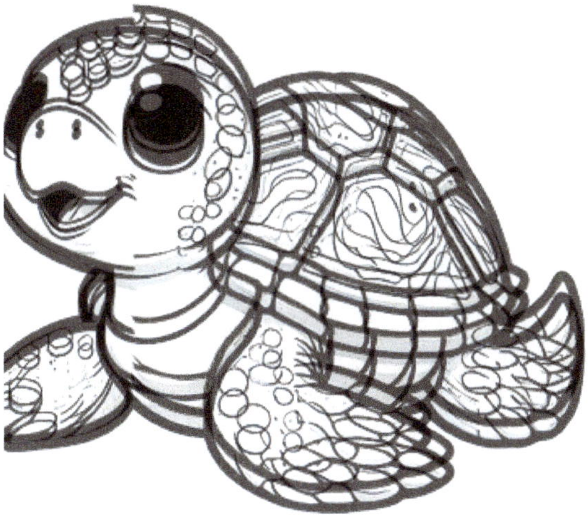
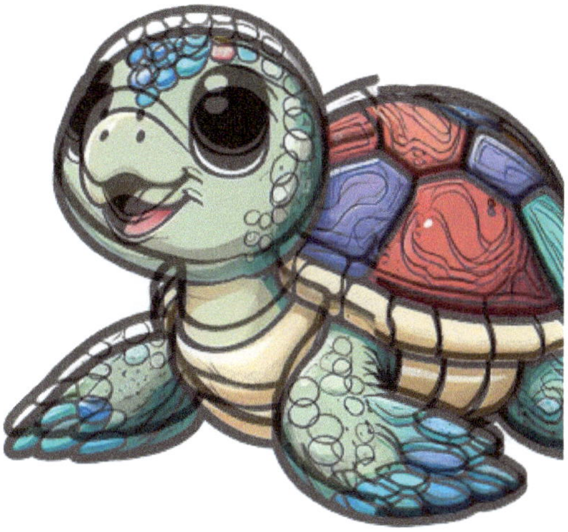

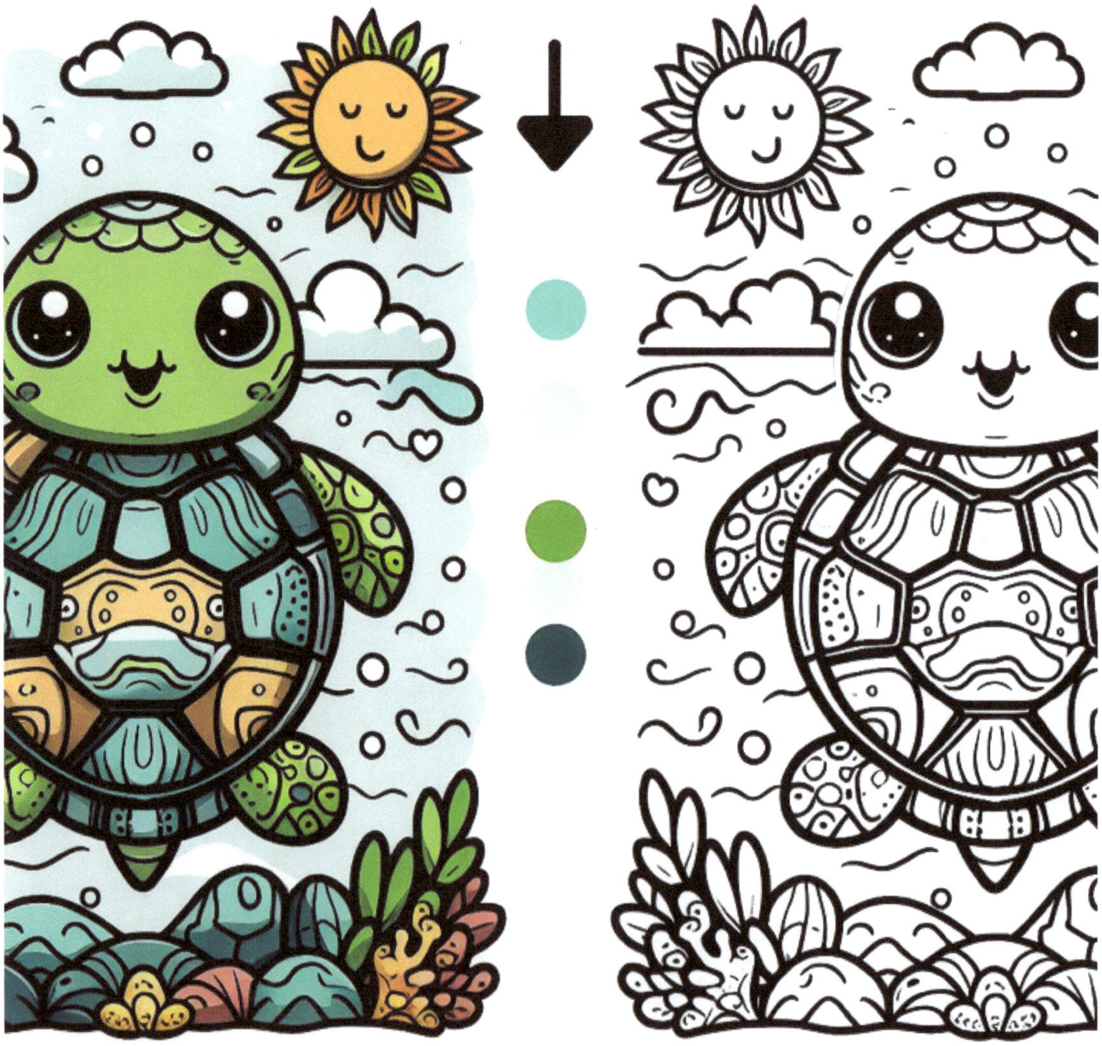

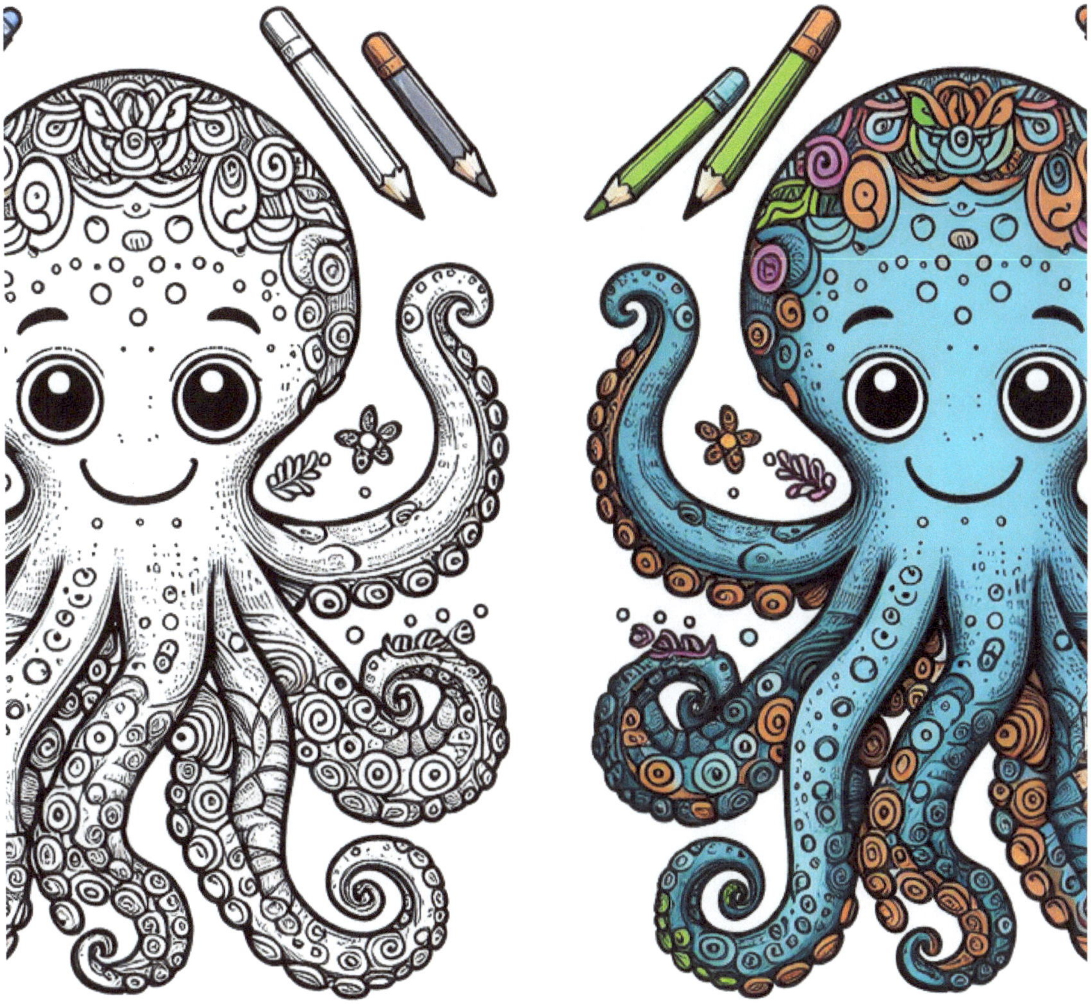

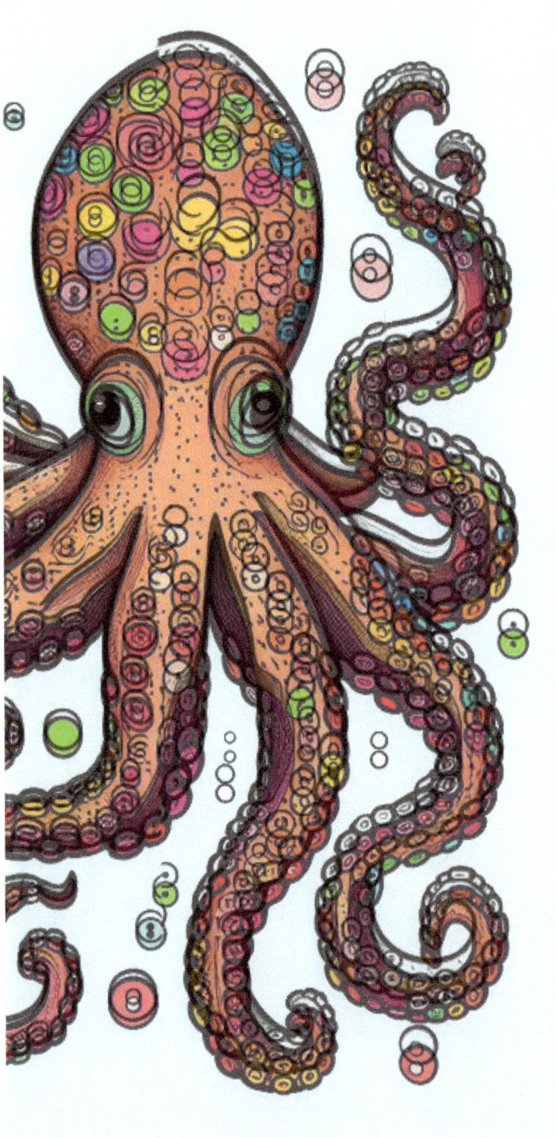
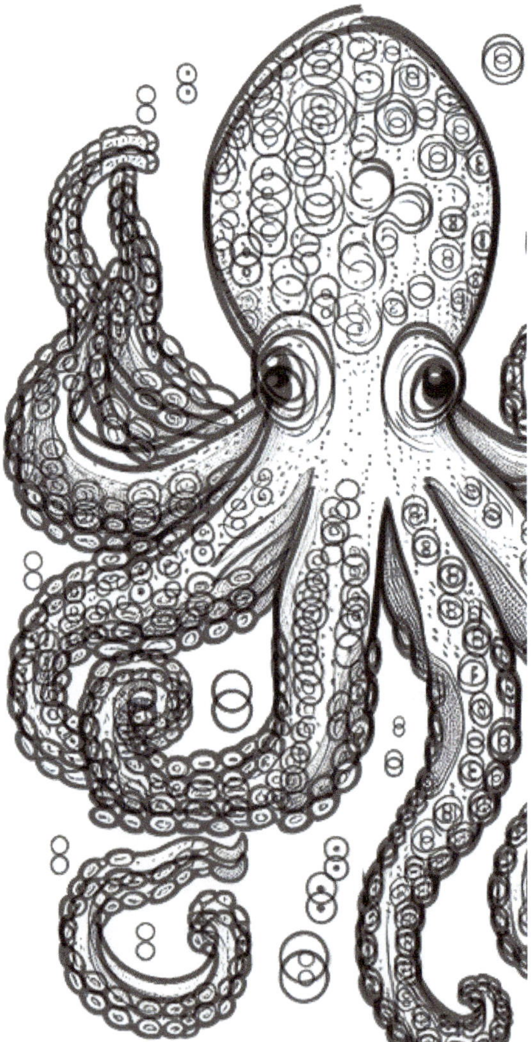

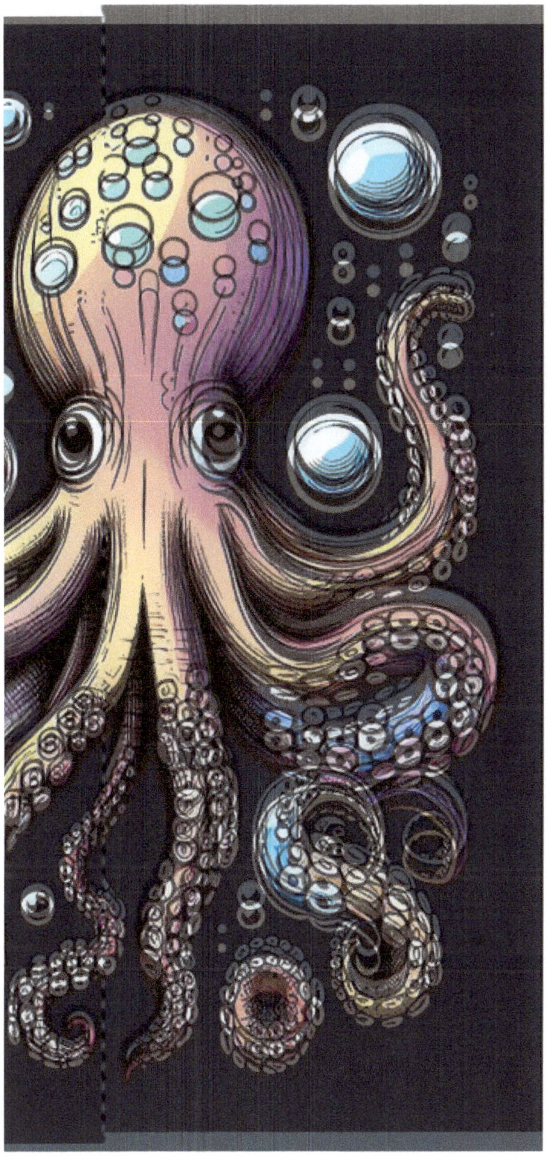

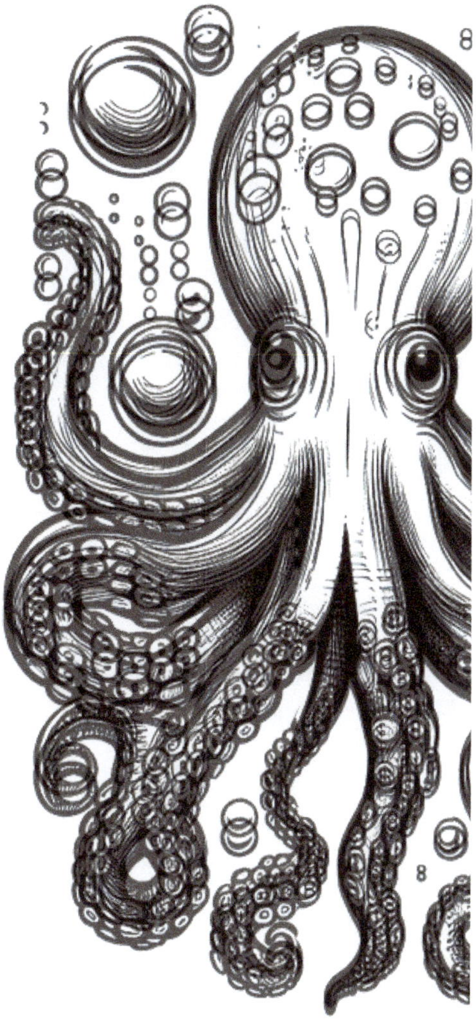

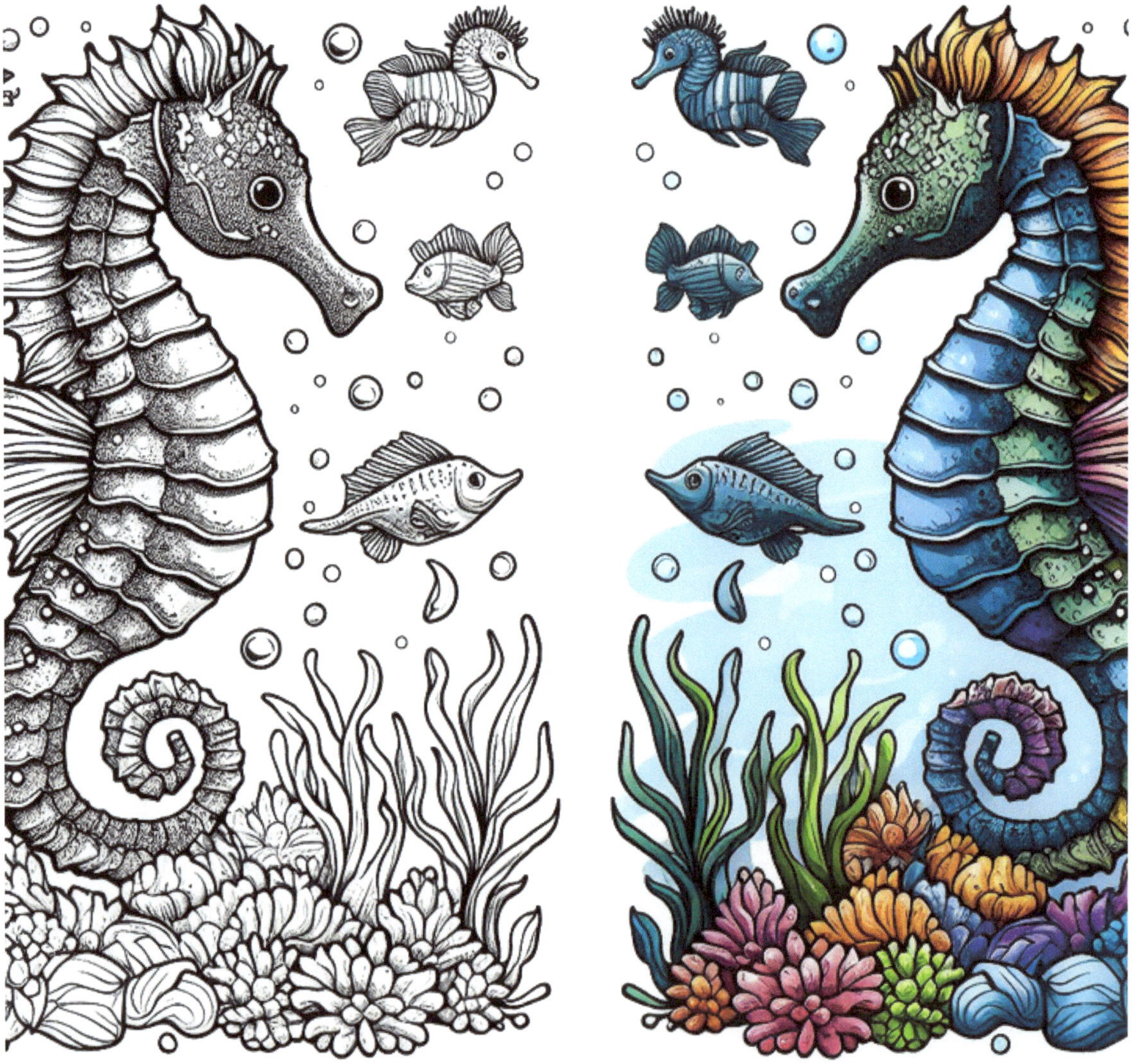

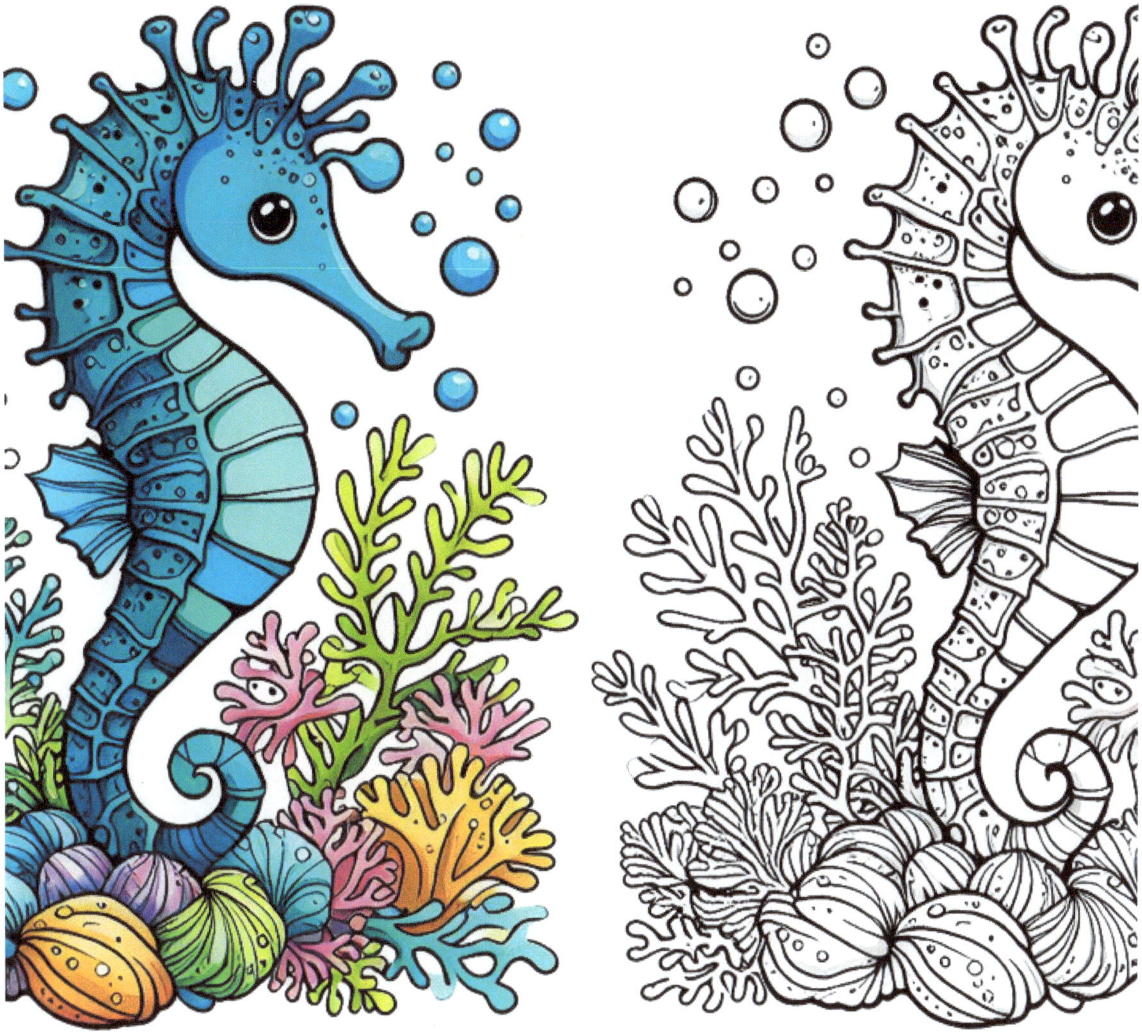

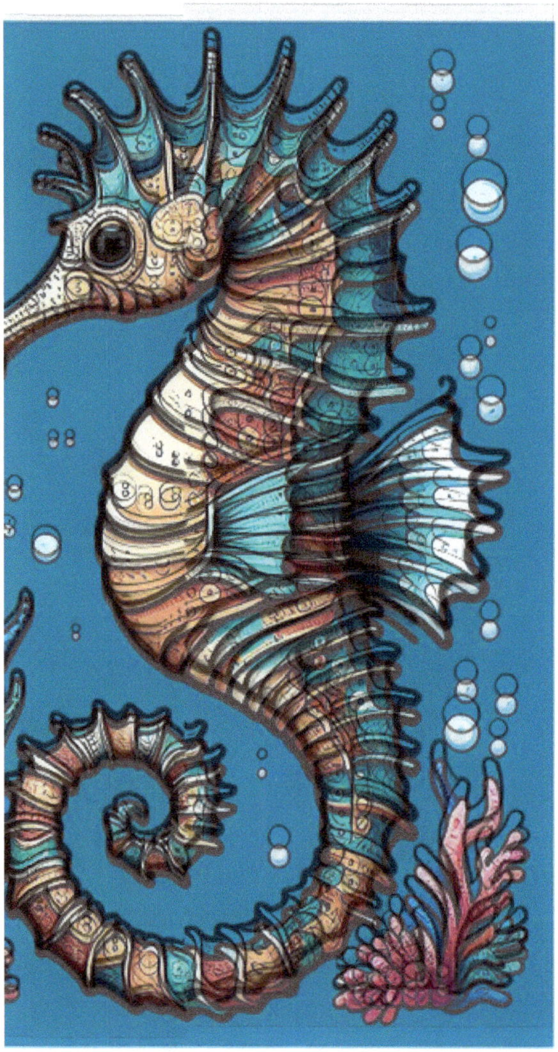

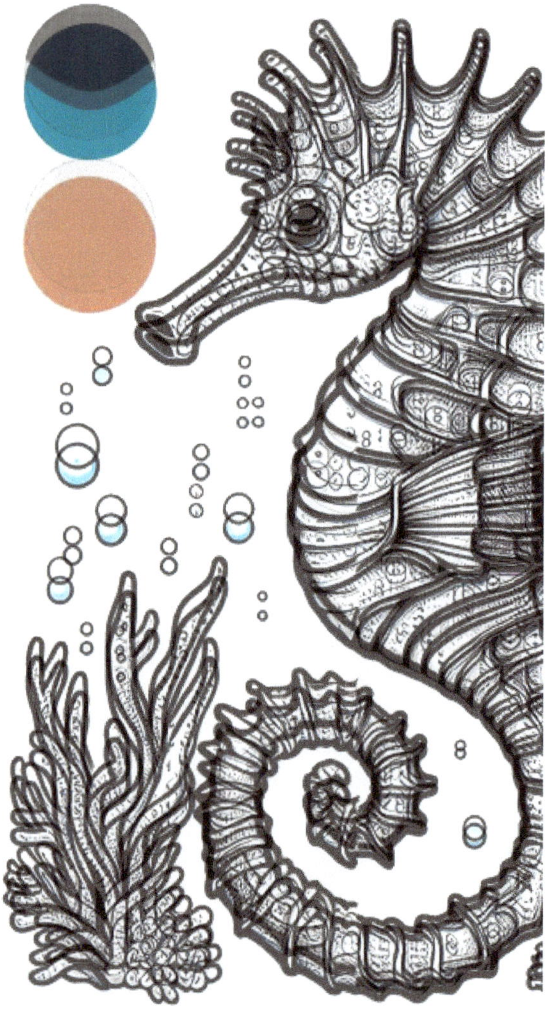

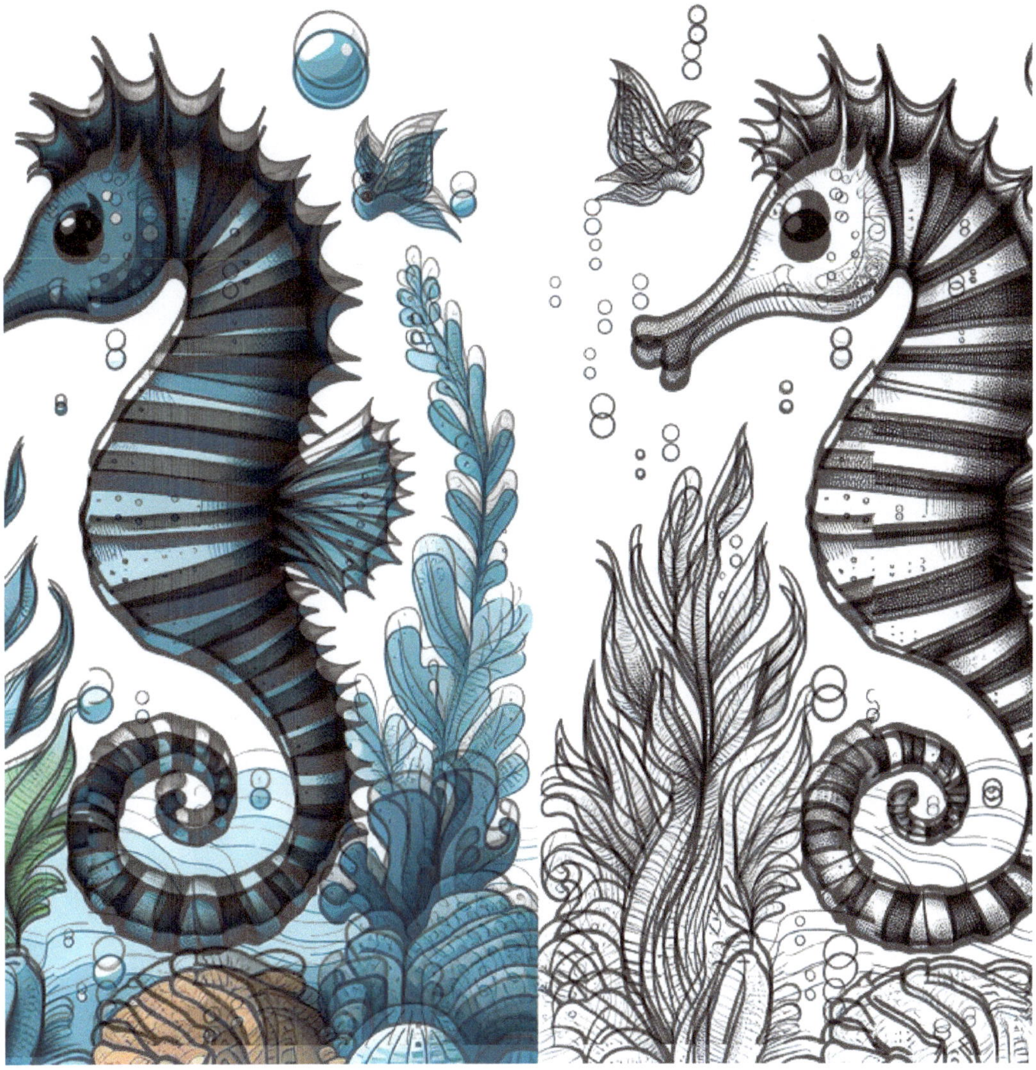

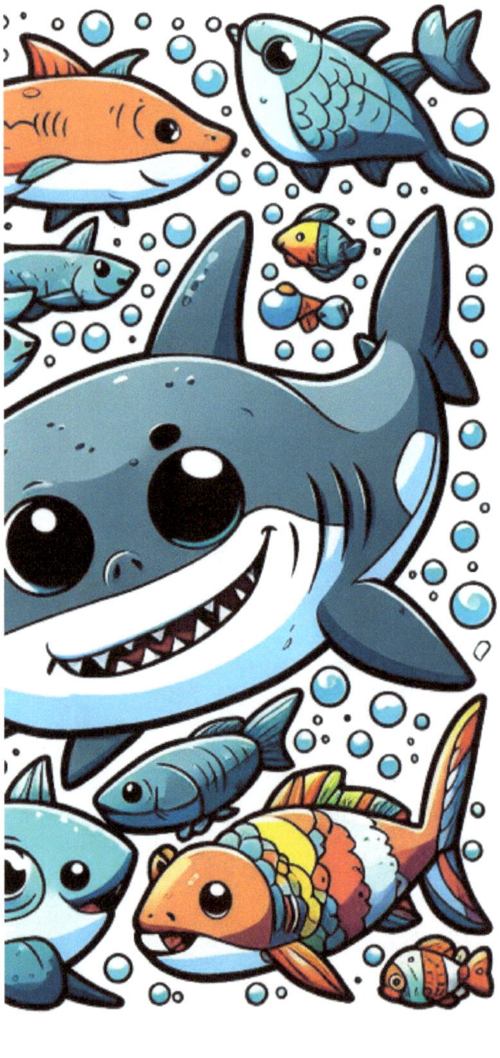
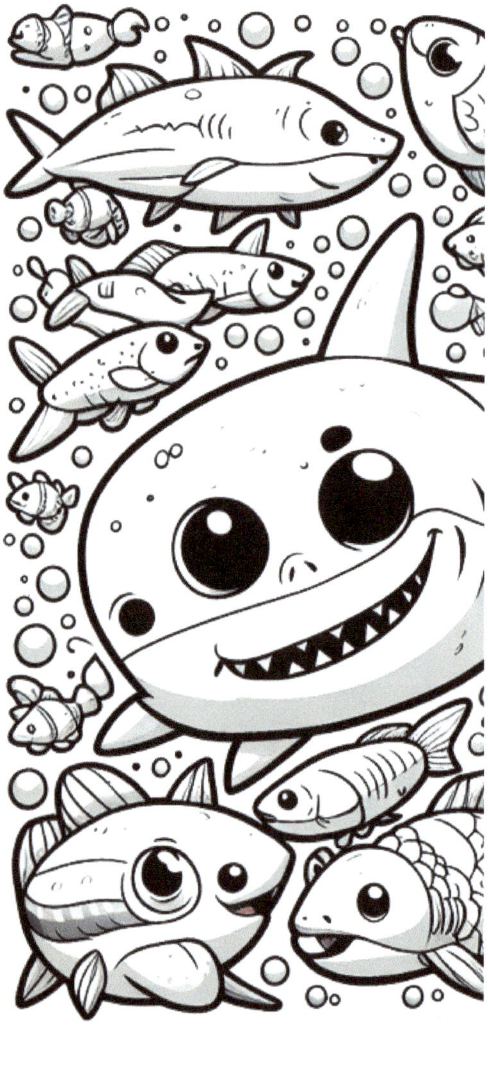

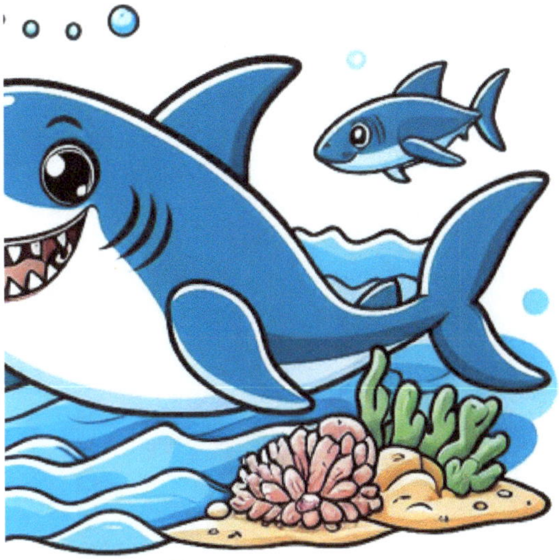
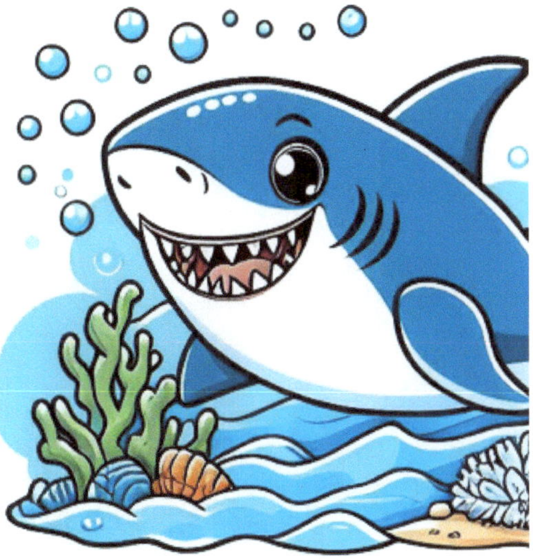
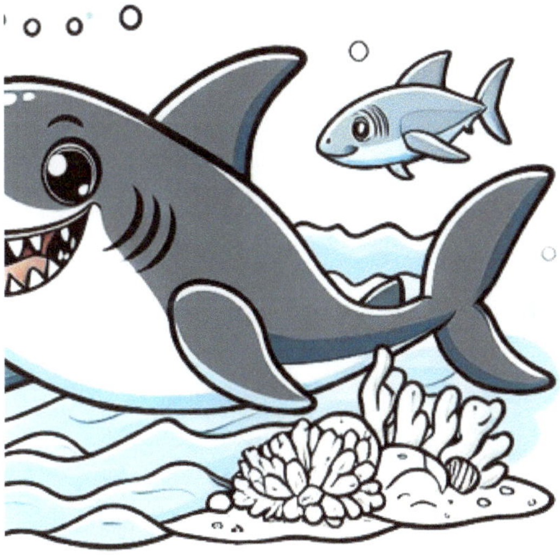
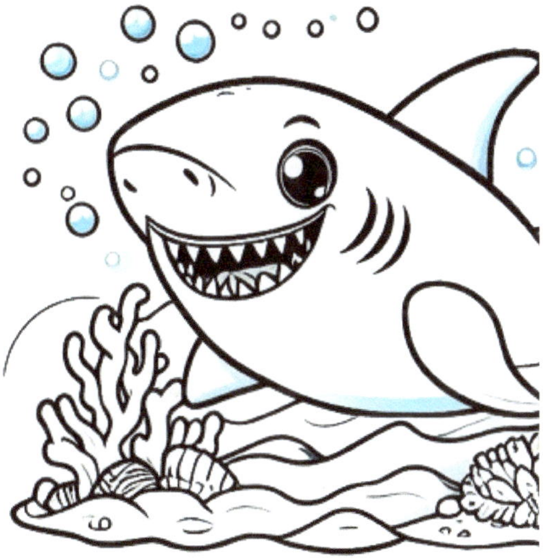

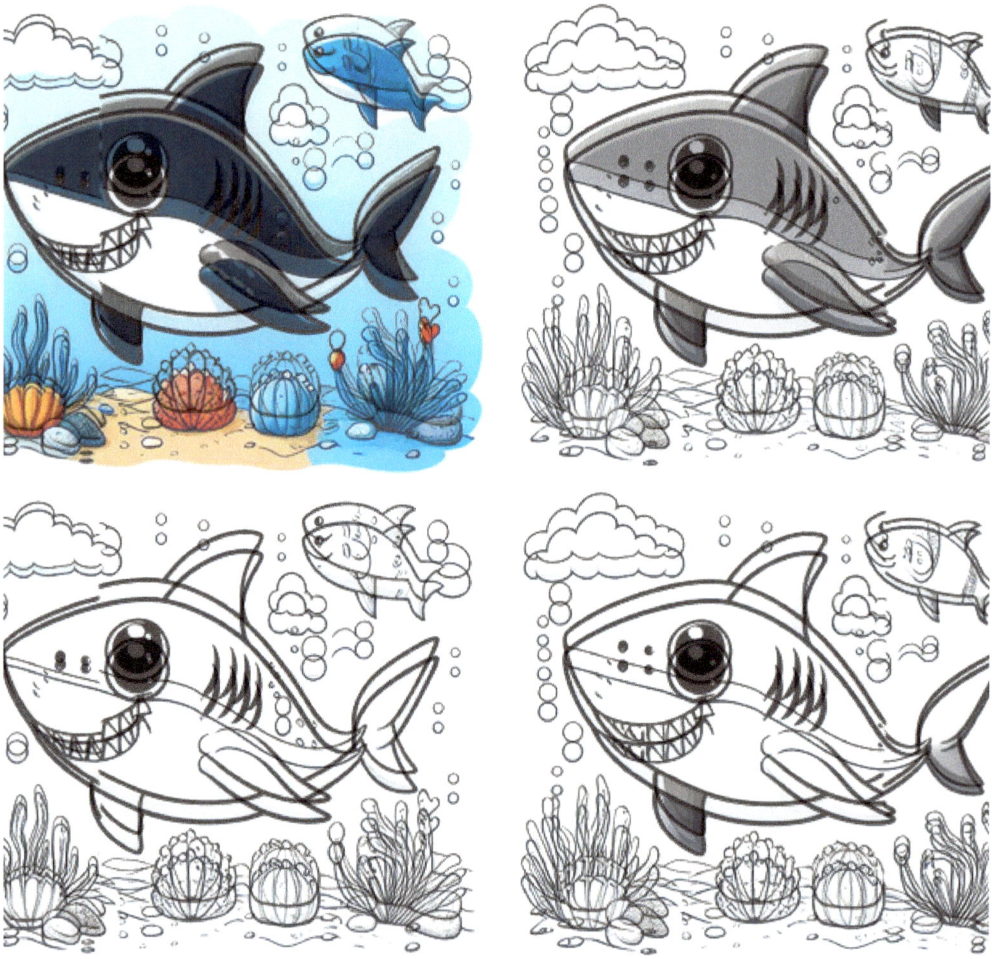

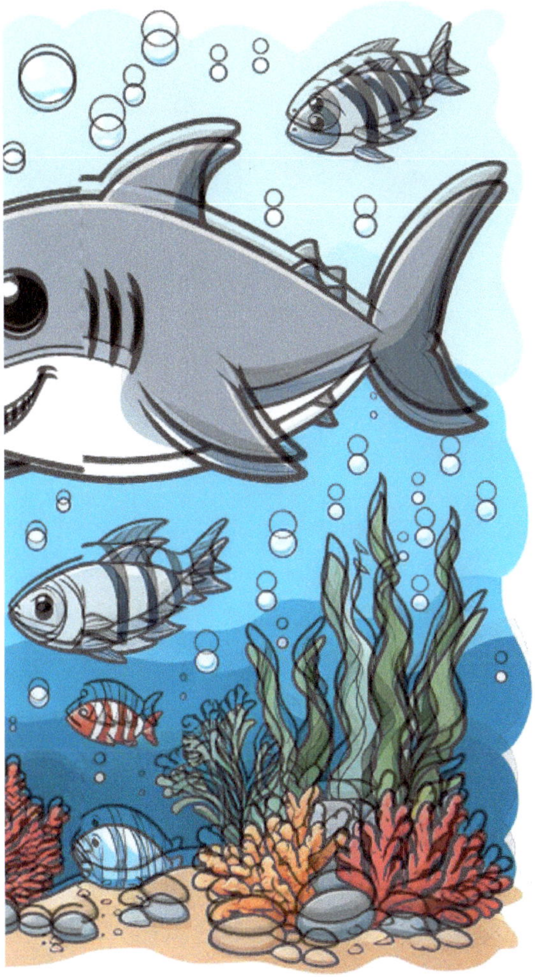
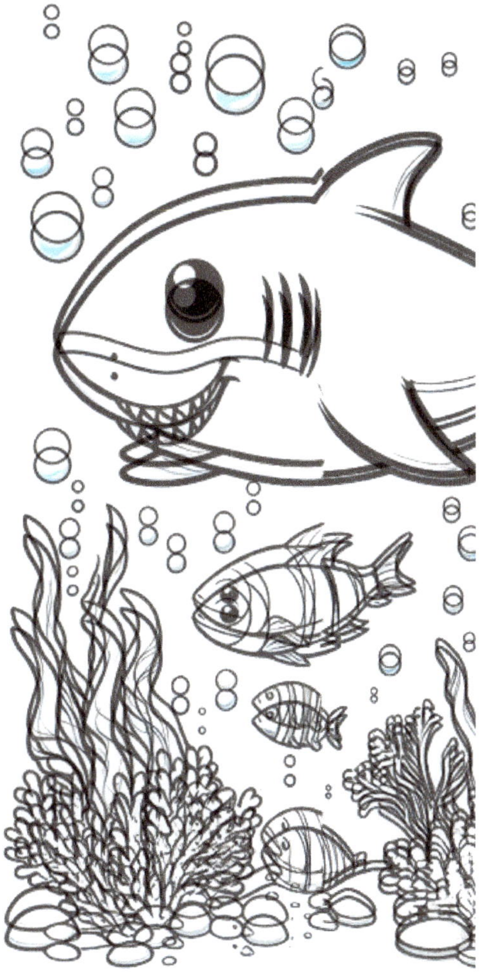

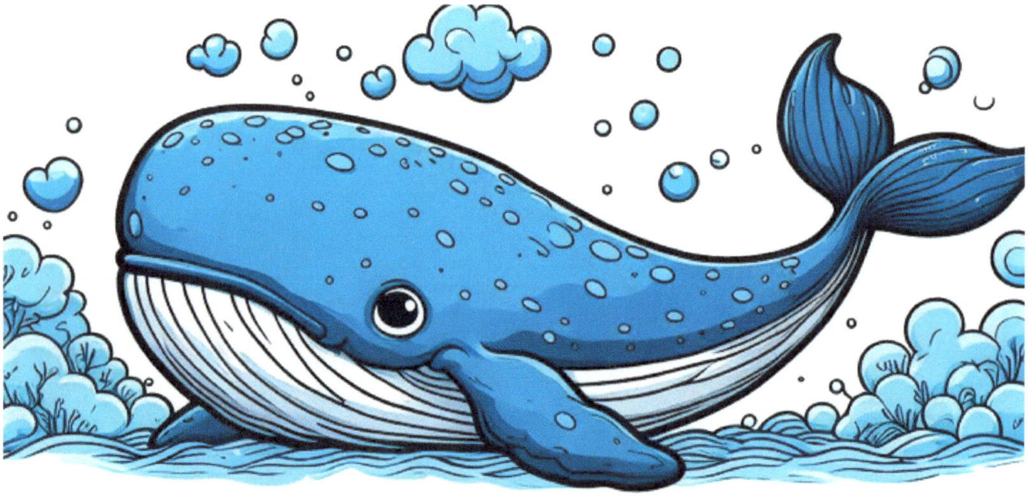

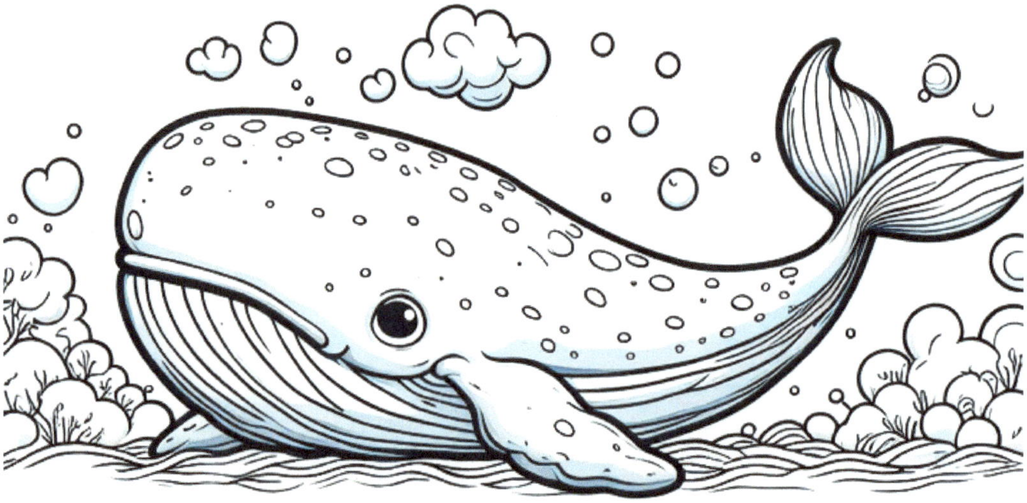

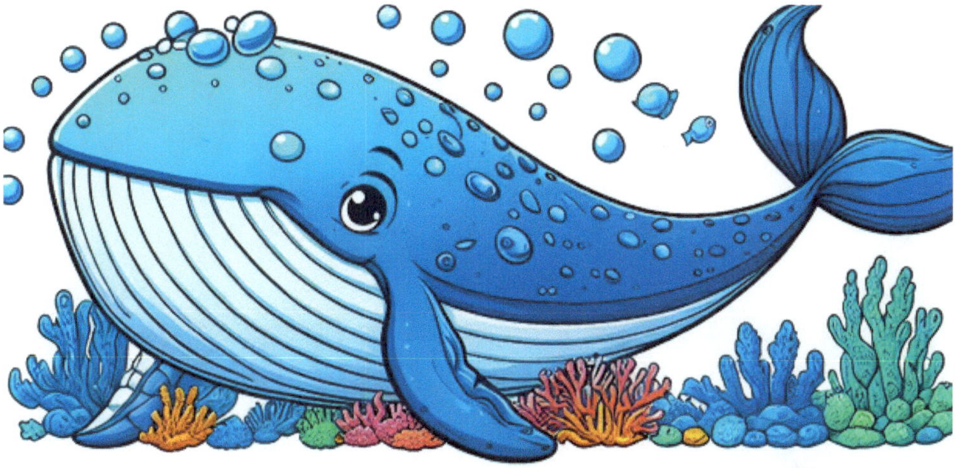

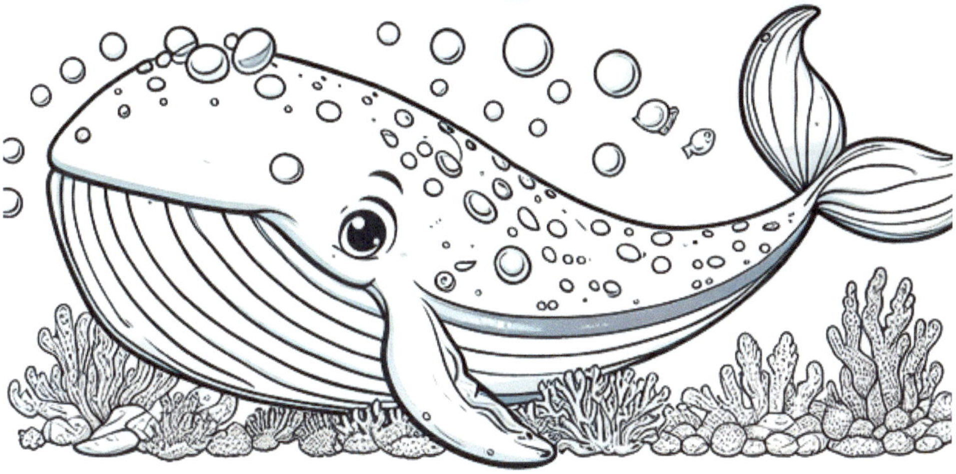

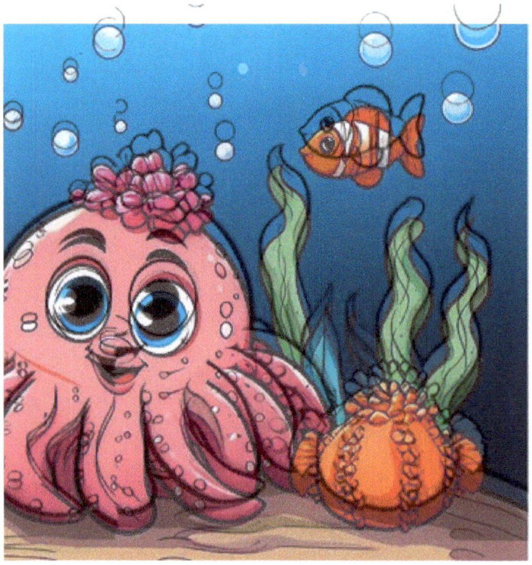
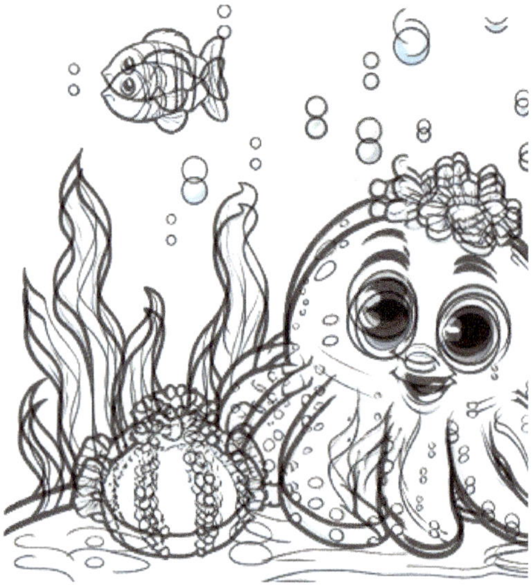

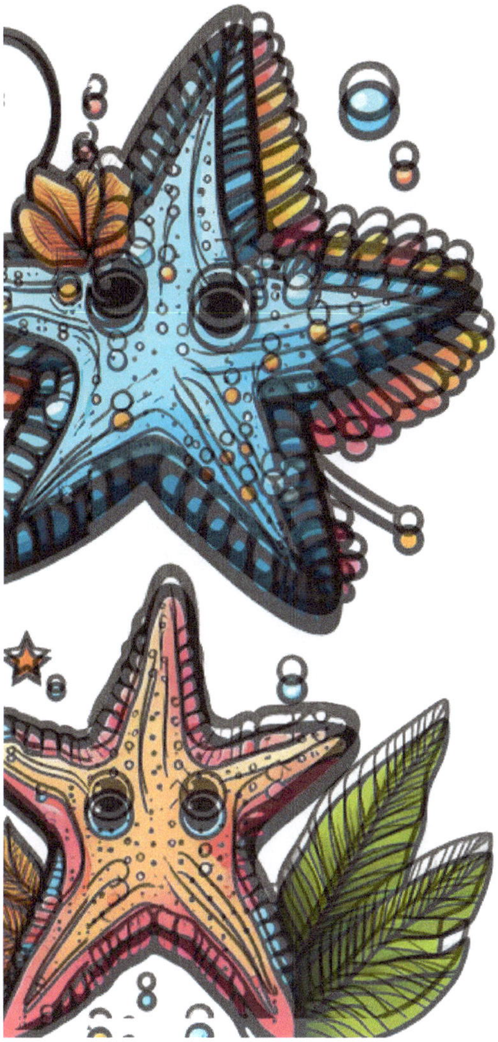
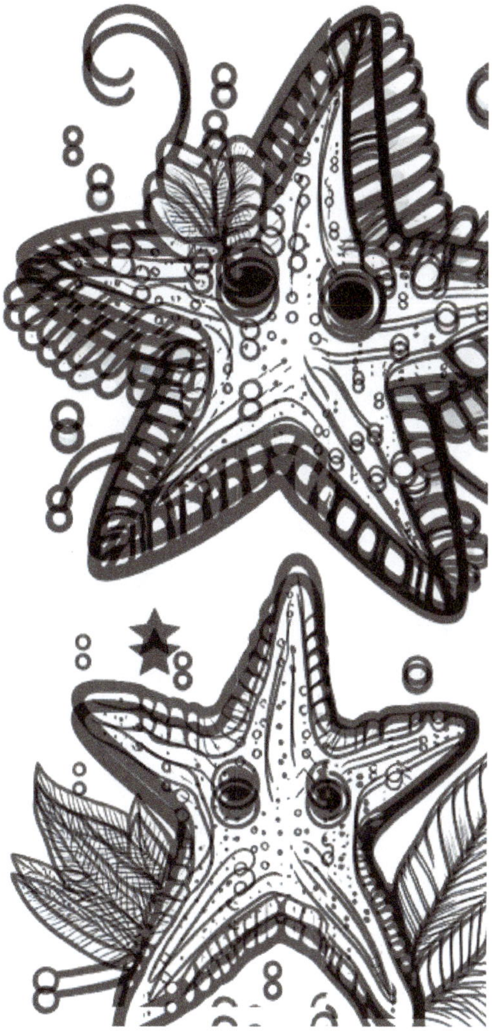

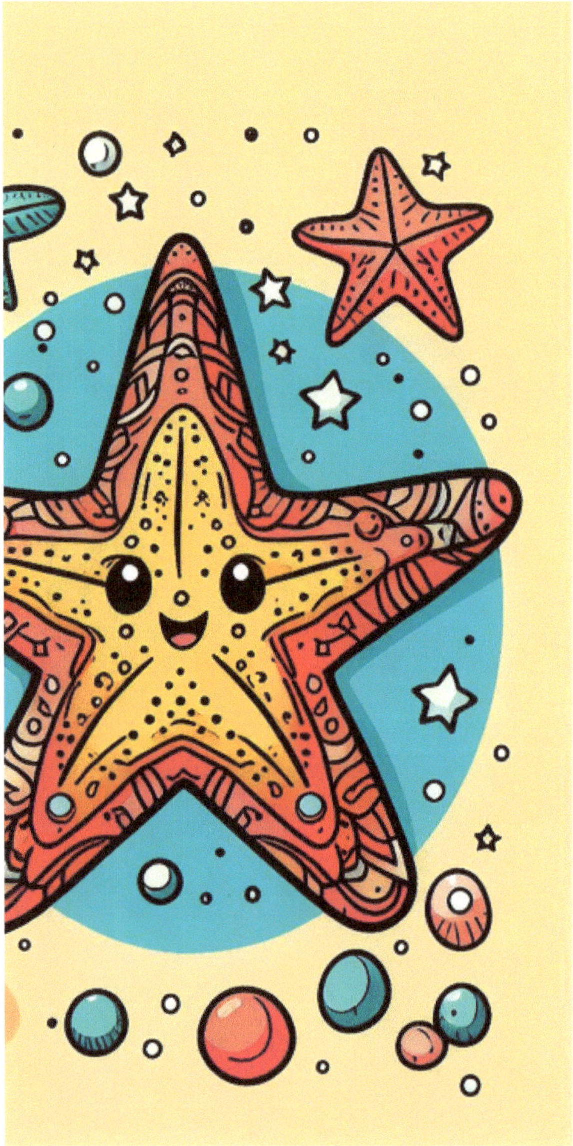
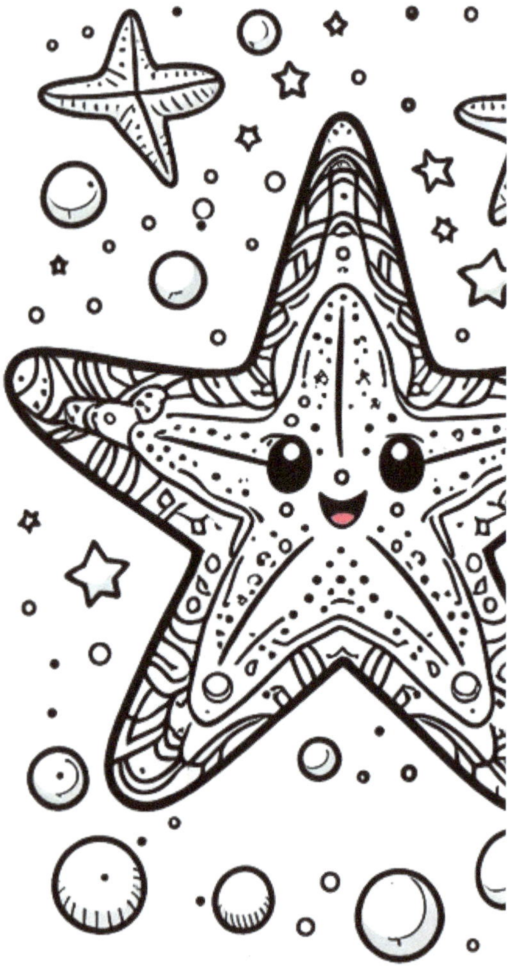

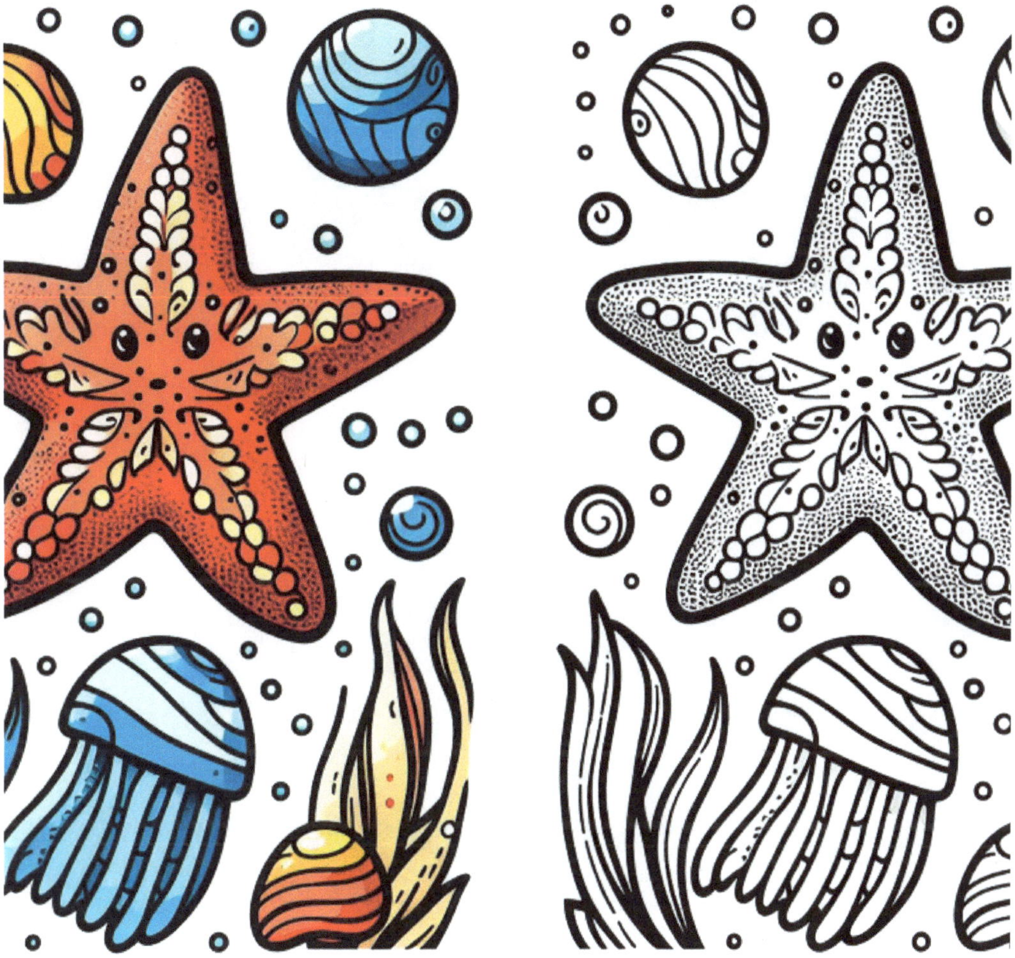

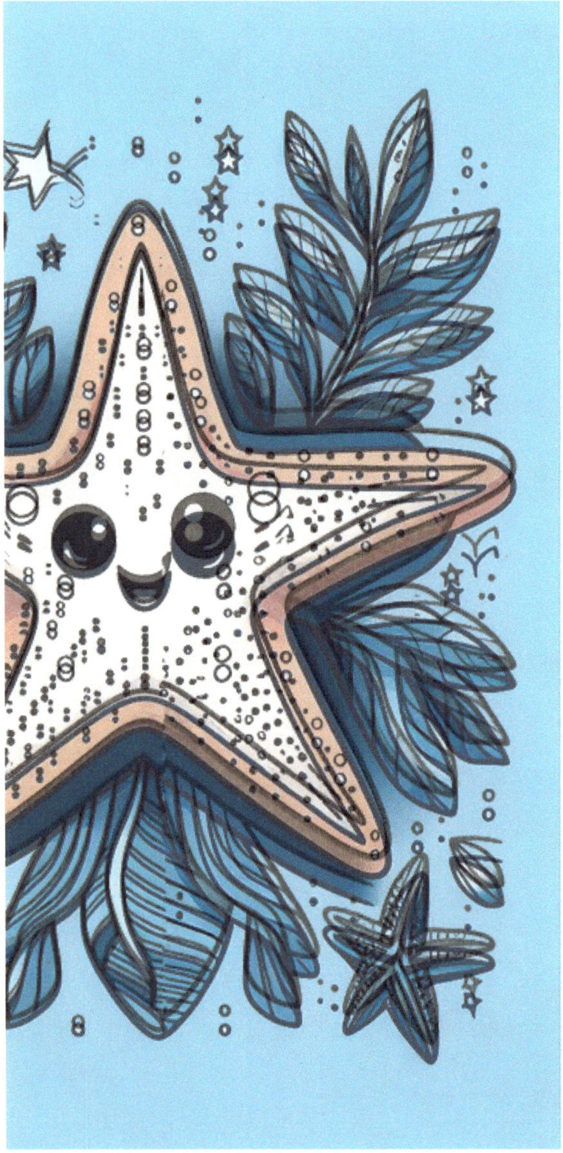

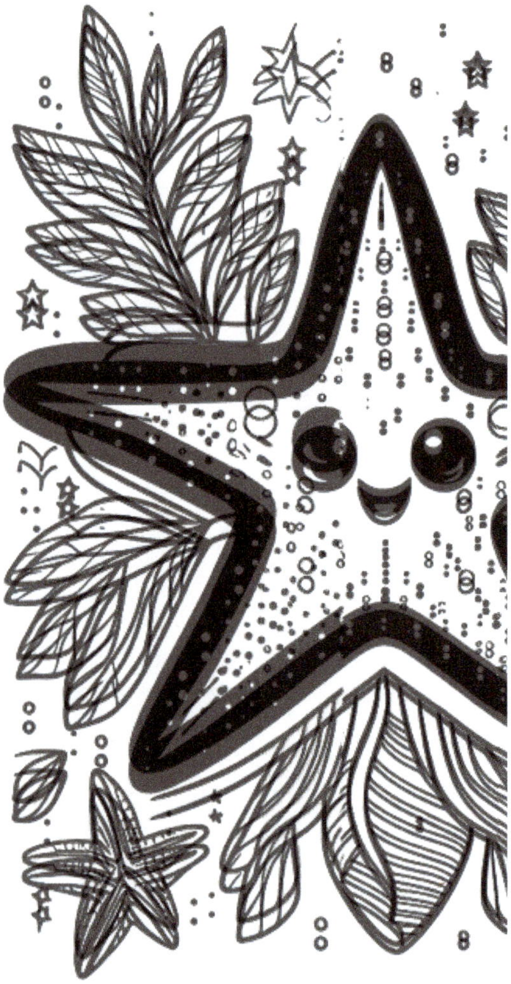

www.ingramcontent.com/pod-product-compliance
Lightning Source LLC
Chambersburg PA
CBHW051943210526
45473CB00006B/2358
* 9 7 9 8 3 2 0 3 2 8 7 9 9 *